AF299641

LE MARTYRE

DE LA GLORIEUSE

SAINTE REINE

D'ALIZE.

TRAGEDIE.

DEDIEE A MONSEIGNEUR
l'Evêque d'Autun.

A CHASTILLON,

Par Claude Bourut, Imprimeur de la Ville,
& du Collége.

AVEC PERMISSION.

SAINTE REINE, priés pour nous.

A MONSEIGNEUR
L'EVESQUE
D'AUTUN.

MONSEIGNEUR,

Voici une grande Sainte, qui desire derechef d'ensanglanter les fertiles Colines d'Alize ; mais elle qui n'a craint autre-fois de se presenter devant le cruel Olibre, aprehende néanmoins d'entrer en cét Amphiteâtre de la France, sans avoir l'Aprobation de vôtre Grandeur. Si vous considerés celle qui vous parle, vous ne devés dénier ce devoir, puis qu'elle est née dans vôtre Diocese, en un lieu qui vous appartient, & qu'au temps des plus furieuses persecutions de l'Eglise, elle n'a pas épargné de répandre son sang pour la confession de la Foi Orthodoxe. Vous, MONSEIGNEUR, qui paroissés pour l'une des grandes lumiéres de la Chrêtienté ; & vos éclatantes vertus, qui vont au de-là des plus sublimes pensées, & des plus riches expressions, vous font passer pour un Miracle de la Nature, & un Prodige de la même Sagesse. Donc, mes respects & mon silence me font esperer que vôtre bonté recevra cette Tragedie d'aussi bon cœur, que vous la presente celui qui desire d'être toute sa vie,

MONSEIGNEUR,

Vôtre tres-humble, & tres-obéïssant
serviteur, C. Terriet.

ARGUMENT.

SAINTE REINE prit sa naissance dans l'illustre Cité d'Alize, située en la Gaule Celtique, au Diocese d'Autun, & Païs d'auxois, au Duché de Bourgogne, d'une des plus nobles Familles de la Province. Son Pere s'appelloit Clement, fort attaché à la superstition Païenne. Sa Mere aïant païé le tribut à la nature, incontinant aprés sa naissance elle fut mise entre les mains d'une Nourrice Chrétienne, qui la fit baptiser, l'instruisant en la Religion Catholique selon que son âge s'avançoit. Son Pere, & ses autres Parens, tâchoient de l'en détourner tant qu'ils pouvoient, jusqu'à la menacer de la faire mourir ; mais par la grace de Dieu, toutes ces vagues se brisoient contre le rocher de sa constance inébranlable.

Olibre, Lieutenant de l'Empereur en France, étant venu à Alize pour informer contre les Chrétiens, on lui presente cette noble Vierge, qui reluisoit en beauté sur toutes les filles de son temps, comme le Soleil emporte le prix sur les Etoilles.

Si tôt que le Tyran l'eût aperçûë, il fut tellement épris de sa beauté, qu'il lui promit (si elle vouloit adhérer au Pagamisme, & à ses Sacrifices

abominables) de la rendre la premiere des Gaules, ce quaïant refusé, il la fit mettre en prison
jusqu'à son retour d'Allemagne. Il l'invite encore à offrir de l'encens à ses fausses Divinités :
la Vierge méprisant ses promesses, & se mocquant
de ses menaces, il l'a fit étendre sur le Chevalet,
& battre de verges, mais d'une maniere si vio-
lente, qu'elle tiroit les larmes des yeux de ceux
qui la regardoient. Olibre enragé de dépit, lui
fit déchirer sa chair avec des peignes de fer, puis
la fit reconduire ainsi ensanglantée dans la prison,
où passant la nuit en Prieres, elle aperçût une
Croix qui sembloit toucher de la Terre au Ciel, &
une Colombe assise au haut qui la salüoit, l'aver-
tissant que bien-tôt elle recevroit la Couronne de
gloire pour récompenses de ses travaux, dont la
vierge sentit son courage beaucoup plus enflammé
qu'auparavant.

Le lendemain Olibre la fit derechef étendre sur
le chevalet, & brûler ses côtés avec des lampes
ardentes, puis la fit jetter pieds & mains liées en
une cuve d'eau froide : L'eau se changea en rosée ;
ses liens se rompirent ; la terre trembla ; & la
Colombe qui lui étoit apparuë la nuit auparavant,
se posa visiblement sur sa tête, dont huit cents
personnes se convertirent. Le Tyran crevant de
dépit, pour dernier reméde lui fit trancher la tête,
& son ame à la vûë d'un chacun, fut honorable-
ment portée par les Anges dans le Ciel, & son
corps fut enterré par les Chrétiens à Alize.

NOMS
DES ACTEURS.

SAINTE REINE.

PHILOMENE, Nourrice de Ste. Reine.

CLEMENT, Pere de Ste. Reine.

LEONICE, Tante de Ste. Reine.

OLIBRE.

LUCIE, son Confident.

FULCE, premier Soldat.

ETIE, second Soldat.

ENCLASTRE, Geolier.

EVANDRE, Bourreau.

NICAN, Valet du Bourreau.

COEUR DU PEUPLE.

L'ANGE, en forme de Colombe.

---

*La Scene est à Alize, en la Chapelle de
Sainte Reine.*

TRAGEDIE
DE
SAINTE REINE
d'Alize.

ACTE I.

SCENE PREMIERE.

PHILOMENE, SAINTE REINE.

PHILOMENE.

EINE, mon doux souci, objet rare &
   charmant,
Qui êtes de mes sens l'unique mouve-
   ment,
Sujet de mes amours, & de ma sainte envie,
Que j'aime aprés mon Dieu, comme ma propre vie:
Mon Dieu, juste, clement, benin & gracieux,
Qui m'a fait l'instrument pour vous ouvrir les
   Cieux,
Je lui rends tous les jours des graces infinies,
D'avoir par sa bonté nos volontés unies,
A ce céleste Epoux, ce Phœnix des Amans,

Qui enyvre les cœurs d'heureux confentemens,
Attire les defirs, & échauffe les ames,
Des braziers éternels de fes plus pures flammes.

SAINTE REINE.

Oüi, ma chere Nourrice, oüi Madame c'eſt vous,
C'eſt par vôtre inſtruction que je connois l'Epoux
Qui me for· des cachots de l'ombreux Paganiſme,
Pour vivre fous les Loix du vrai Chriſtianiſme :
Mais puis que nous avons un honnête loiſir,
Que nos troupeaux laineux repaiſſent à plaiſir,
De grace contés- moi au frais de ce feüillage,
Comme j'ai delaiſſé cét horrible eſclavage.

PHILOMENE.

Vous n'aviés pas un mois que la parque fans yeux,
Enleva vôtre Mere, & la priva des Cieux,
Sans connoître le Dieu qui fit le Ciel & l'Onde,
Et qui plaça la Terre dans le centre du Monde;
Elle fe vit privée, effroïable malheur,
De ce fouverain bien qui fait nôtre bonheur :
Vôtre Pere étonné dans ces triſtes allarmes,
Vous prit entre fés bras vous arrofant de larmes,
Puis s'en vint à grand pas me prier d'avoir foin,
De vous allimenter dans ce preſſant befoin;
Je l'accepte auſſi- tôt, & dans ce faint office,
J'accomplis le devoir de Mere & de Nourrice,
Subſtantant vôtre corps du nectar de mon fein,
Et vôtre noble efprit d'un mets ſi fouverain,
Qu'à peine marchiés vous d'une jambe tremblante
Que je vous aprenois l'Oraiſon excellente,
Qui fuccinte comprend tout ce qui nous défaut,

Les articles de Foi, les ordres du Tres-haut,
Les dons du S. Esprit, les doux fruits qu'on en tire,
Pour graver les vertus, & les vices détruire :
Aprés vous avoir fait tres-bien Catechiser,
Au Lavatoire saint je vous fit Baptiser,
Afin de vous tirer de ce cruel servage,
Où le peché d'Adam tous les mortels engage ;
C'est le vrai sceau qui grave en vôtre noble esprit,
Cette adorable Loi de mon doux Jesus-Christ :
Puis donc que vous l'avés saintement embrassée,
Quand de tous vos Parens vous seriés delaissée,
Ne craignés leur fureur, non plus que leur
     courroux,
Confortés-vous en Dieu vôtre fidel Epoux ;
Soïés comme un rocher, ferme & inébranlable,
Quand il faudroit soûfrir la mort épouventable,
Et les plus grands tourmens qu'on puisse imaginer,
Ne les apprehendés, & tâchés d'imiter
Vôtre aimable Jesus, contemplés les merveilles
Qu'il a fait pour nous tous, ses douleurs nom-
     pareilles,
Sa couronne, ses foüets, ses durs cloux, & sa croix,
Et vous voudrés pour lui mourir cent mille fois.

SAINTE REINE.

Soit beni à jamais cette heure fortunée,
Que le Ciel etheré je fut predestinée ;
C'est à vous, aprés Dieu, à qui je dois ce bien,
J'offre à mon Bien-aimé ce cœur qui est tout sien,
J'adore mille fois sa haute Providence,
Qui desilant mes yeux de l'obscure ignorance,

M'éclaire du flambeau de la divine Foi :
Mon Dieu, mon bien, mon tout, mon Sauveur
        & mon Roi,
Si donc il faut pour lui soûfrir dix mille peines,
Je verserai le sang qui est dedans mes veines ;
Que j'aurai de plaisir, ô que j'aurai d'honneur,
De l'épancher pour lui, quel suprême bonheur,
Si sa toute bonté me veut faire la grace,
Que je suive pour lui des saints Martirs la trace.

PHILOMENE.

Ma fille qu'il me plaît d'oüir vôtre desir,
Et voir qu'un brasier saint vôtre cœur vient saisir,
Dans un commencement d'une tendre jeunesse,
Vôtre gentil esprit a beaucoup de sagesse,
Jesus vous la maintienne & accroisse toûjours.

SCENE II.
CLEMENT, LEONICE.
CLÉMENT.

HElas ! ma chere sœur, quel Dieu, quel Ciel,
        quel Astre,
Verse dessus mon chef un si triste desastre ?
Qu'elle fatalité m'a ourdi ce malheur,
Quel cruel desespoir, qu'elle extrême douleur,
De n'avoir ici bas qu'une petite fille,
Le miroir des beautés, & l'honneur de sa Ville,
Et sçavoir qu'elle suit la supertition,
De ce Christ qui s'épanche en toute Nation ;
Méprisant de nos Dieux les grandeurs immor-
       telles,

Pour d'un Crucifié fuivre les Lois nouvelles:
Que ferai-je à cela ?

LEONICE.

Ha ! mon frere, vraïement
Avant que de rien croire, il faut premierement
Sçavoir d'elle en tout cas, fi elle eft fi peu fage,
De faire cette injure à tout fon parentage,
Abandonnant ainfi la Loi de fes majeurs,
Pour fuivre des Chrétiens la fecte, & les erreurs.

CLEMENT.

Vôtre avis eft tres-bon, difcrete Leonice,
Et pour le mieux fçavoir allons chés la Nourrice;
Doublons un peu le pas, quoi que cét âpre mont,
Soit bien rude pour moi, j'en ai la fueur au front:
Mais l'extrême defir de lui parler me preffe,
Je n'ai que déplaifir, que deüil, & que trifteffe,
Et ne puis recevoir de confolation,
Que je ne fçache au vrai fa refolution:
Ma fille, êtes-vous là ?

SAINTE REINE.

Que vous plaît-il, mon Pere.

CLEMENT.

Ma fille, dites-moi, vous qui m'êtes fi chere,
Vous que j'aime fi fort, & fi parfaitement,
Vous qui êtes ma joïe, & mon contentement,
Qui deves être un jour de ma blanche vieilleffe,
L'appui, le doux foulas, l'efpoir & la lieffe,
Eft-il poffible, hélas ! dites-moi franchement,
D'où vient que vous avés fi peu d'entendement,
De quiter nôtre Loi, pour prendre miferable,

Du Fils d'un Charpentier, la Loi vituperable.
SAINTE REINE.
Mon cher pere je veux vous dire franchement,
Que j'adore Jesus, Auteur du Firmament,
Qui prit nôtre naissance és flancs d'une Pucelle,
Pour laver dans son Sang la coulpe originelle ;
Coulpe hélas! qui privoit les hommes malheureux
De l'aimable séjour des Anges bien heureux :
Non fils de Saint Joseh, cher Epoux de sa Mere,
Mais du Dieu immortel, engendré de son Pere
De toute éternité, & né en temps & lieu,
De cette Ste Vierge, & vrai Homme, & vrai Dieu,
Par l'opération & mistére adorable,
Du sacré Saint Esprit, Dieu juste & immuable,
Tout puissant, tout parfait, tout beau, tout glorieux
Qui éternellement régnera dans les Cieux ;
C'est ce doux Redempteur, c'est ce vrai Dieu,
        mon pere,
Seul digne d'être aimé, que j'adore & révere,
Et non pas comme vous, des Dieux d'or, & de bois,
Dénüés de tout pouvoir, de paroles, & de voix.
CLEMENT.
O ! malheureuse fille, ô ! engeance maudite,
Les Dieux te puniront comme tu le mérite,
Si tu ne quite en bref la détestable erreur,
Parsemée dépuis peu par ce faux Imposteur,
En renoçant pour Dieu celui que deux mille ames,
Ont vû mourir en Croix par des tourmés infâmes.
SAINTE REINE.
Il est vrai qu'il est mort pour nôtre iniquité,

Mais le troisiême jour il est ressuscité.
CLEMENT.
Les siens l'ont derobé, puis ils ont fait acroire,
Qu'il est monté au Ciel tout raïonnant de gloire.
SAINTE REINE.
Les Juifs ont inventé ce mensonge apparent,
Les Gardes corrompus par or, & par argent,
L'Ange, les vêtemens, l'heureuse Magdelaine,
Ses compagnes aussi en font preuve certaine :
Saint Thomas qui lui mit les doigts dans son côté,
Fait preuve assurément de cette verité ;
Et mon Sauveur qui tient en main les destinées,
A dit dans ses cahiers, que dans quelques années,
Cette Ville autre-fois l'honneur de l'Univers,
Pour ce grand parricide, & crime trop pervers,
Verroit ses Citoïens, ses enfans, & ses femmes,
De famine agités, renversés sous les lames ;
Ses superbes Palais, & ses beaux bâtimens,
Entiérement razés jusques aux fondemens,
Et ne pardonne point à ce merveilleux Temple,
Où l'homme Saint son Dieu, d'un œil ravi con-
temple. ## CLEMENT.
Ce n'est pas sans sujet que ce Peuple méchant,
Passa sous la fureur du coûtelas tranchant,
Son desastreux malheur n'arriva d'assurance,
Que d'avoir meprisé de Cesar la puissance.
SAINTE REINE.
Mon Pere n'en doutés pas, car il est tres-certain,
Qu'il est ressuscité, ce grand Dieu souverain,
Aprés s'être apparu aux Apôtres, & aux femmes,

A ſes amis ſecrets , & aux fidéles ames,
Et leur parlant du Ciel , & mangeant avec eux,
Une nuée enfin le dérobe à leurs yeux ;
Tout au tour voltigeoient mille bandes aîlées,
Qui tous l'accompagnoient és voûtes étoillées,
Chantans ſon lots ſacré en dix mille beaux vers,
Et rempliſſant les airs d'harmonieux concerts ;
Envoïant par aprés à ſa Troupe fidelle,
L'Eſprit conſolateur, qui d'amour & de zele,
Les aïant tous remplis, ont prêché en tout lieu,
Qu'il étoit le Meſſie, & le vrai Fils de Dieu.

CLEMENT.

Je vois donc bien que c'eſt, vous voilà reſoluë,
De ſuivre cette Loi par puiſſance abſoluë ;
Mais étant vôtre pere, n'ai-je pas le pouvoir,
De vous faire en un mot mettre à vôtre devoir ?
Une fille bien ſage obéït à ſon pere,
Et vous croïés plûtôt une fiere Megere,
Une fiere Lamie, une peſte, un venin,
Que moi qui vous chéri comme un pere benin :
Mais je jure le Ciel que dedans ma colére,
Je vous ferai ſentir tout le pouvoir qu'un pere,
Peut deſſus ſon enfant uſer de châtiment,
Puniſſant vos mépris ſi exemplairement,
Que la poſterité fera cas de mon zele,
Pour avoir corrigé une fille rébelle.

SAINTE REINE.

Il eſt tres-véritable, & Dieu le veut ainſi,
Qu'un enfant bien appris doit avoir du ſouci,
D'honorer ſes parens, leur porter réverence,

Les aimer, les chérir, avec obéïſſance,
 elon droit & raiſon ; mais ils ne doivent pas
Tellement s'écarter, & en faire du cas,
Qu'abandonnant leur Dieu au péril de leurs ames,
Ils encourent d'Enfer les ſuplices infâmes :
Je mourrai plûtôt, que pour reſpect humain,
Je tranſgreſſe les Loix, de mon Dieu ſouverain.
CLEMENT.
Cache-toi à mes yeux, maudite créature,
Qui violant les droits, du Ciel & de nature,
Veux de foibles raiſons mon pouvoir s'indiquer :
Qu'en dites-vous, ma ſœur ?
LEONICE.
On ſe doit appliquer,
A ne ſoûfrir les ſiens, être de Loi contraire.
CLEMENT.
Et uſer de rigueur ne le dois-je pas faire ?
Mais je vous prie auſſi de lui parler encore,
Vos diſcours ſont charmans, & coulent comme l'or,
Peut-être pourriés-vous émouvoir ſon courage,
Et deſſus ſon eſprit avoir quelque avantage.

SCENE III.
LEONICE, SAINTE REINE.
LEONICE.
REine, prêtés ſilence aux accens de ma voix,
Je vous veux témoigner l'amour que je vous
	dois :
Mais purquoi êtes-vous rébelle à vôtre pere ?
Tâcherés-vous toûjours de le mettre en colére ?

Lui qui vous cheris tant, lui qui vous aime mieux,
Mille fois que son cœur, & même que ses yeux,
Considerant en vous tant de beautés écloses,
Tant de lys, tants d'œillets, & d'odorantes roses;
Et recherchée aussi de plusieurs grands Seigneurs
Croïant vous voir bien-tôt savourer les douceurs,
D'un Himen chaste & sein, & de si belle couche,
Naître des rejetons de sa mourante souche;
Et vous voulés enfin, ingrate tenailler,
Son cœur plein de chagrin, & tant le travailler
D'ennuïeuses langueurs, que vous aurés la gloire,
De l'envoïer bien-tôt dessous la tombe noire:
O! barbarie étrange, ô! dure cruauté,
O! cœur plein de malice, & de deloïauté.

SAINTE REINE.

Madame, c'est à tort que me donnés ce blâme,
J'aime mon pere autant que je fais ma propre ame;
Il devroit loüer Dieu, & priser mon dessein,
Car Jesus, comme à moi, lui tend dèja la main,
Si quitant ses erreurs, & son idolâtrie,
Il lui donne son cœur, son amour, & sa vie:
Dieu nous apelle tous, & même il nous prévient,
S'il ne se sauve pas, c'est à lui seul qu'il tient;
S'il meurt en cét état, il est tres-manifeste,
Qu'il ne joüira pas de la gloire céleste,
Car personne ne peut hériter de ce lieu,
Si ce n'est par le Sang du vrai Fils de mon Dieu.

LEONICE.

Je ne vous parle plus, je perds ici ma peine,
Vous êtes, je vois bien, témeraire & hautaine,

Vous devriés devant nous, humble vous abaiſſer,
Les Dieux qui les malfaits ne veulent pas laiſſer
Impunis, vengeront és noirs flots de Cocite,
Vôtre rébellion, & vôtre démerite.

SCENE IV.
CLEMENT, LEONICE, Sᴛᴇ. REINE,
Pʜɪʟᴏᴍᴇɴᴇ.
CLEMENT.

Leonice, ma ſœur, que vous a-t'elle dit ?
Avés vous arraché de ſon crédule éſprit,
Cette maudite erreur qui la rend miſerable,
Dans cette opinion eſt-elle inviolable.

LEONICE.

Son cœur paroît plus dure que n'... ne rocher,
Les diſcours plus charmans ne ia peuvent toucher,
De tout ce que j'ai dit elle fait moins de compte,
Que le ſuperbe écüeil que la vage ſurmonte.

CLEMENT.

O deſaſtre cruel! ô pertinacité!
Des filles de ce temps, qu'elle temerité!
Quel ſot zéle impieux! C'eſt vous, ô Philomene,
Qui faites qu'és erreurs ſon eſprit ſe promene;
C'eſt vous qui la paiſſés de ces phantômes vains,
Que j'euſſe bien mieux fait, ſi l'ôtant de vos mains,
Je l'euſſe fait nourrir du ſang d'une Lionne,
D'une fiére Tigreſſe, ou d'une Ourſe felonne,
Car elles n'ont pas tant que vous de cruauté,
De rage, de fureur, & de déloïauté:
Mais puis qu'il n'y a rien, cruelle qui te touche,

Tu deviens beaucoup pire que ces bêtes farouches
De ton cher géniteur commence à t'aprocher,
Et comme un l'Estrigon repais-toi de sa chair,
Mon sort sera bien doux, si ta main furieuse,
Veut ainsi terminer ma vie si malheureuse ;
Car puisque tu te plaît de voir couler mes pleurs,
Que je voïe promptement la fin de mes douleurs ;
Apelle à ton secours ta barbare Nourrice,
Afin que mieux ta rage & fureur s'accomplisse :
Mais suis-je maintenant un lâche devenu,
Aïant le front ridé, & le poil tout chenu ?
Quoi ! suis-je transformé d'Achile en sot Tersite ?
N'ai-je plus de vigueur, de force, & de mérite ?
Oüi, oüi, je puis encore vous mettre à la raison,
Et vous bien châtier, comme étant de raison.

PHILOMENE.

Monsieur, vous avés tort de m'apeller barbare,
Aprés avoir nourrie une fille si sage,
Et l'avoir bien instruite en la Loi du vrai Dieu,
Qui doit être adoré & servi en tout lieu.

CLEMENT.

C'est le juste sujet qui me met en colére,
J'aimerois mieux la voir mourir de mort amére,
Par les dents d'un Lyon, ou d'un Loup affamé,
Ou de mille coûteaux voir son cœur entâmé,
Que de la voir sujette à une Loi nouvelle,
Méprisant de nos Dieux la grandeur immortelle :
Je te commande donc de l'en dissuader.

PHILOMENE.

Vous perdés vôtre peine à me le commander.

CLEMENT.

Je veux que tu le fasse, & que tu m'obéïsse.

PHILOMÈNE.

Nous soûfrirons plûtôt le plus cruel suplice
Que l'on puisse inventer.

SAINTE REINE.

Mon pere, ne croïés,
Que nous aïons ainsi les esprits dévoïés,
De me penser fléchir, vôtre espérance est vaine,
Vous perdés vôtre temps, vous perdés vôtre peine,
Quand vos discours seroient aussi doux que le miel
Pour vous nous ne voulons perdre les biens du Ciel.

CLEMENT.

Tu t'en repentiras, fille dénaturée,
Et devant qu'il soit peu, tu es bien assurée,
Que tu ressentiras ce que c'est d'offenser,
Un pere qui ne peut cette injure effacer.

SCENE II.

CLEMENT, LEONICE.

CLEMENT.

SOrtés des creux Enfers, fiérs sœurs eumenides,
Pour punir les forfaits des filles parricides,
Puisque tous les tourmés qu'on peut trouver ci-bas
Les gênes, les cailloux, les sanglans coûtelas,
Les chevalets, les feux, & les autres suplices,
Sont peu de chose au prix de ces grands malefices:
Je n'ai qu'un seul enfant, & je vois, ô pitié!
Qu'elle n'a pour son pere aucun trait d'amitié;
Elle n'aspire qu'à voir mon foible corps descendre,

Dans un fépulchre noir pour s'y réduire en cendre
A ces forts fentimens je ne puis refifter,
Mon mal eft fans reméde, il la faut contenter ;
Mais avant que d'aller à la mortelle rive,
Il faut que par ma main la cruelle y arrive.

LEONICE.

Mon frere, gardés bien d'avoir ce fentiment,
Voudriés-vous tremper fi inhumainement,
Vos mains dans vôtre fang ? Il ne faut pas qu'un
　　　　pere,
A l'endroit d'un enfant, foit cruel & févere ;
Le temps ramene tout, quand cette jeune ardeur
Qui la fait obftiner, fera dans fa froideur,
Vous la verrés plus douce, & viendra fans doutãce
Demander à genoux pardon de fon offenfe ;
Et lors reconnoiffant les grands Dieux immortels,
Offrira de l'encens à leurs dévots Autels.

CLEMENT.

Et lors que je ferai en ma trifte demeure,
Tout feul & defolé, il faudra que je meure,
Hélas ! je n'aurai plus de confolation.

LEONICE

Frere, prenés courage en vôtre affliction,
Vous ne pouvés aller contre les deftinées,
Qui ont fi fagement les chofes ordonnées ;
Il s'y faut conformer, & laiffer faire aux Dieux,
Qui font comme il leur plaît, en Terre & dans
　　　　les Cieux.

ACTE II.

SCENE PREMIERE.

OLIBRE, LUCIE.
OLIBRE.

AInsi que j'ai dompté dans le cœur de l'Asie,
Les Bactres, les Hyrcans, la Parapamisie,
Les Partes, le Persan, l'Albe, & le fier Medois,
Et fait du sang humain rougir les champs Indois ;
Qui ay au grand César rendu assujettie,
La Serique, la Tane, & la froide Scythie ;
La Pyside, & Bitin, à leur dam n'ont-ils pas,
Senti la pesanteur de mon robuste bras ?
L'Arabe, le Syrien, la belle Palestine,
Se voulans prendre à moi, ils ont trouvé leur ruine
Bref, il n'y a coin dedans tout l'Orient,
Qui ne sçache que vaut mon glaive foudroïant ;
Tant de braves Soldats, & de grands Capitaines,
A qui j'ai commandé sont témoins de mes peines,
Que je n'épargnois pas, ni le feu, ni le fer,
Pour ces séditieux & mutins étouffer :
Mais principalement cette maudite engeance,
Qu'on apelle Chrétiens, connoissent ma puissance ;
Car pour exterminer ces malheureux bannis,

Je les ai châtiés de tourmens infinis ;
Les Dieux, les puiſſans Dieux, auront toûjours
    mémoire,
Comme je ſuis jaloux de conſerver leur gloire,
Sçachans ce que j'ai fait contre ces con-
    tempteurs,
Qui veulent mépriſer leurs ſuprêmes grandeurs :
Ores que de nouveau ce Monarque invincible,
M'envoïe en Occident, comme un foudre terrible,
Pour écraſer les chefs de tous ſéditieux ;
Si j'en trouve quelqu'un qui trop audacieux,
Prévarique ſes Loix, ou qui malheureux oſe,
Contre moi s'oppoſer, dés l'heure je propoſe,
Qu'il n'y a ni deſtins, ni favorable ſort,
Qui les puiſſe exempter des rigueurs de la mort :
Tu ſçais, mon cher ami, comme dépuis Marſeille,
Ceux qui à mes deſſeins n'ont pas prêté l'oreille,
Ont ja été traités ; & Alyſe ſoudain,
Sçaura un peu que vaut d'offenſer les Romains.

LUCIE.

Il eſt vrai qu'autre-fois les fiers Peuples des Gaules
Refuſoient de porter ſur leurs fortes épaules ;
Le Joud-Capitolin ; & que Jules Ceſar,
Les aïant entrepris, coururent grand hazard,
Et pourtant la valleur de cette ame Roïale,
Les rendit tous ſujets à l'Aigle Imperiale :
Et vous qui l'égalés en force & en pouvoir,
Ne les pouvés vous pas contenir au devoir,
Et punir promptement cette chrêtienne race,
Qui mépriſent nos Loix d'une inſolente audace.

OLIBRE.

Je le puis, je le veux ; sus allés de ce pas ,
En mon Camp , & dites à mes soldats ,
Que ceux qu'ils trouveront , soit homme , femme ,
  ou fille ,
Qu'on les saisisse tôt d'une façon subtile :
Qu'ils soient bien garotés de longs & forts liens ,
Car on m'a averti qu'ils sont tous Magiciens ,
Et quand je les tiendrai entre quatre murailles ,
Ils ne pourront alors échaper , les canailles ;
Et s'ils ne veulent pas encenser à nos Dieux ,
Je leur ferai soûfrir des tourmens furieux.

LUCIE.

C'est raison , grand Préfet , que je vous obéïsse ,
Je m'en vais promptement accomplir mon office.

SCENE II.

PHILOMENE, SAINTE REINE.

PHILOMENE.

REine voici le temps , voici noble Pucelle ,
L'agréable saison que le Ciel nous apelle ;
C'est maintenant qu'il faut , les armes à la main ,
Combatre les desseins d'Olibre l'inhumain ,
Qui tout plein de fureur , de colére , & de rage ,
A juré des Chrêtiens , la perte & le dommage :
Méprisons , méprisons , ces plus cruels efforts ,
Et ne craignons celui qui peut tuer les corps ,
Mais le Dieu Tout puissant qui sous la froide lame ,
Peut faire en un moment périr le corps & l'ame ;
S'il faut mourir pour lui , ne fuïons les tourmens ,

Et cherchons dans les feux du rafraîchissement;
Que le dur chevalet, la rouë, & les suplices,
Soient nos ébattemens, & nos chéres délices :
Car mil ans de tourmens ici bas & de pleurs,
Sont moins qu'un jour de joïe és célestes rondeurs.

SAINTE REINE.

Vos avis sons tres-bons, aimable Philomene,
Et déja je voudrois me voir en cette peine,
De paroître devant ce Tiran furieux,
Si Dieu trouve à propos que ce soit pour mon
          mieux :
Et dés lors que je lis les divines Légendes,
Des Saints qui de leur sang à Jesus font offrande,
J'admire la valeur de ces braves Guerriers,
Qui dessus les Tirans remportent des Lauriers;
Je pense voir encore Athelette invincible,
Ce grand Protomartir, qui sous la pluïe horrible,
Des cailloux accablé, se mit à deux genoux,
Et prioit Dieu pour ceux qui l'assomoient de coups:
Je vois d'autre côté le Prince de l'Eglise,
Qui suivant son Sauveur d'un cœur plein de
          franchise,
Humble donne ses biens, & presente ses bras,
Pour être mis en Croix, baissant la tête, hélas!
Le meurtrier coûtelas, qui comme une tempête,
Du Docteur des Gentils va séparant la tête,
M'aprend combien d'amour il a eu pour son Dieu;
L'Alcide Saint Laurens qui étoit au milieu,
D'un brasier allumé reproche l'avarice,
D'un perfide Tiran, & toute la malice,

Qui orne de son sang l'étendart de la Croix,
Et lave son étole au sang du Roi des Rois,
Nous témoignent vraïement qu'il faut suivre leur
 route,
Pour posseder les biens de la céleste voûte.

PHILOMENE.

Courage, chére amie, il faut de mieux en mieux,
Vous rendre tres parfaite pour arriver aux Cieux;
Car la vie des Martirs est l'unique modéle,
Où se doit arrêter un cœur vraïement fidéle :
C'est dans un beau miroir où brillent les vertus,
Et où les vices sont sous les pieds abbatus ;
Suivés donc nuit & jour ce sentier tant aimable,
Et n'apprehendés point la rigueur exécrable :
Munissés vôtre cœur de constance & de foi,
D'espoir & charité contre ce desarroi ;
La blanche chasteté, & la pure innocence,
Reluisent en vôtre esprit raïonnant de prudence:
Mais l'ombre baisse fort, allons, mon cœur, allons,
Dans ce Pâquer herbeux repaître nos moutons.

SAINTE REINE.

N'en prenés pas la peine, ô ma chére Nourrice,
Laissés-moi, s'il vous plaît, cét agréable office.

SCENE III.
LUCIE, OLIBRE.
LUCIE.

GRand Monarque, excusés si mon retour est
 prompt,
Car pour vous obeïr je ne suis jamais long,

Mais je vous veux conter une histoire gentille :
J'ai trouvé deux Soldats qui menoient une fille,
Une fille, ou plûtôt un bel Ange des Cieux,
Un miroir de beauté, vrai chef-d'œuvre des Dieux,
Le Prin-temps gracieux, mignon de la nature,
Ne découvre à nos yeux la plus belle peinture,
Tant de roses, d'œillets, & de lys blanchissans,
Qu'elle produit és cœurs de plaisirs ravissans ;
Son front semble à l'yvoire, & sa bouche odorante,
Fait voir un double rang que tout le monde en-
  chante,
Entouré de cinabre, & l'or de ses cheveux,
Merite que chacun lui consacre des vœux ;
Hymette n'a pas tant en ces ruches d'Avettes,
Qui naît dessous ses pas d'amoureuses fleurettes ;
Ses beaux yeux qui font honte au grand pere des
  jours,
Lâchent à tous momens mille petits amours ;
Son beau col est d'albâtre, & ses jouës vermeilles,
Ravissent les esprits d'agréables merveilles :
Enfin, c'est l'abregé de tout ce qui est beau,
C'est la flamme où l'amour allume son flambeau ;
Je n'aurois jamais crû qu'une beauté si rare,
Se fusse rencontrée en la Gaule barbare :
Voilà donc, grand Guerrier, voilà sommairement,
Le sujet qui m'a fait venir si promptement ;
Je sçai qu'autre que vous a trop peu de mérite,
Pour son cœur posseder, partant je vous invite,
De joindre vos Lauriers à sa perfection,
Et vous rendre le Roi de son affection.

OLIBRE.

Lucie, mon cher ami, tes discours ont des charmes
Qui font dans mes pensées d'amoureuses allarmes;
Commande à ces Soldats qu'ils l'aménent ici,
Et lui dis de ma part qu'elle n'aïe de souci,
De paroître devant un puissant Chef d'Armée,
Qui ne veut attenter dessus sa renommée :
Je lui veux conserver sa vie & son honneur,
Et la combler de biens, de gloire & de bonheur.

LUCIE.

Monseigneur, je ferai de bon cœur ce message,
Pour un objet si doux, si charmant, & si sage.

OLIBRE.

Allés, dépêchés-vous, & revenés soudain,
Afin de contenter mon amoureux dessein.

SCENE IV.

LUCIE, FULCE, ETIE, SAINTE REINE.

LUCIE.

BRave Fulce, écoutés; & vous vaillant Etie,
Vôtre Chef vous commande, & de grace
    vous prie,
Si vous avés pour lui un peu d'affection;
C'est qu'il aïe de vous cette obligation,
D'amener devant lui cette belle Pucelle,
Car il desire fort de parler avec elle.

FULCE.

Lucie, je consens d'obeïr au vouloir,
De nôtre brave Chef, & c'est nôtre devoir,
De complaire en tout cas au génereux Olibre,

C'eſt un homme obligeant, reconnoiſſant, & libre,
Qui les hommes de cœur ſçait bien récompenſer,
Et qui nous peut, s'il veut, és Charges avancer;
Il eſt homme jovial, & d'une humeur gaillarde,
Sera ravi de voir cette fille mignarde.

E T I E.

Allons, belle, allons voir ce Phœnix des Guerriers,
Qui porte ſur ſon chef des Palmes & des Lauriers.

L U C I E.

Ne vous étonnés pas, agréable Pucelle,
Si nous vous conduiſons à nôtre Chef fidelle :
Car ſi-tôt qu'il aura contemplé vos beaux yeux,
Plus clairs que le Soleil qui brille dans les Cieux,
Et l'éclat raviſſant de vôtre belle face,
Vous trouverés en lui, honneur, faveur, & grace;
Son cœur d'un ſi beau feu ſera tout enflammé,
Ce Prince aime beaucoup, mais il veut être aimé.

S A I N T E   R E I N E.

Si le grand Dieu me ſert, & de phare, & de guide,
Et ſi ſon Saint Eſprit à tous mes vœux provide,
Les Princes de la Terre, avec tout leur pouvoir,
Ne pourront ni ma foi, ni mon cœur émouvoir.

S C E N E   V.

L U C I E, O L I B R E, F U L G E, E T I E.

L U C I E, *preſente Ste. Reine à Olibre.*

VOici, brave Seigneur, le Soleil radieux,
Tout brillant de clarté, les délices des yeux,
La lumiére des cœurs en merveilles féconde,
Qui par ſes doux regards embraſſe tout le monde:

Voici celle qui peut par ſes divins attraits,
Tranſpercer vôtre eſprit de mille & mille traits.
OLIBRE.

Fais-moi donc approcher cette belle Pucelle,
Je la veux contempler, & voir ſi elle eſt telle
Comme tu la dépeint : Soldats approchés-vous,
Eſt-ce là cét objet ſi charmant & ſi doux ?
FULCE.

Recevés, brave Chef, recevés puiſſant Prince,
Ce Phœnix des beautés, l'honneur de la Province,
Le ſiége de l'amour, & les perfections,
Pour le gage aſſuré de nos affections ;
Nous, dis-je qui n'avons de plus chéres envies,
Que d'emploïer pour vous nôtre ſang & nos vies.
OLIBRE.

Je vous en remercie, & vous promets, Meſſieurs,
Que de deux Régimens vous ſerés poſſeſſeurs.

SCENE VI.

OLIBRE, SAINTE REINE, FULCE.
OLIBRE, *parlant à Ste. Reine.*

BElle, dont la beauté entre les filles luit,
Comme l'Aſtre du jour ſur les feux de la nuit,
Dites-moi, s'il vous plaît, d'où êtes-vous ſortie ?
Quel eſt le Dieu qui tient vôtre ame aſſujettie,
Et que vous adorés ?
SAINTE REINE.

J'adore mon Facteur,

Le puiſſant Dieu du Ciel, le grand Diſtributeur,
Et parfait donateur de toutes les richeſſes,

L'Auteur qui a bâti par subtiles adresses,
Le doré Firmament, ce grand & vaste rond,
Fondant ses pilotis sur l'abîme profond;
Qui d'un seul mot créa, sans travail & sans peine,
La Terre portant fruits, & la Mer des Baleines;
Qui remplit l'air d'Oiseaux de diverses couleurs,
La Terre des moissons, & d'odorantes fleurs;
Les Forêts d'animaux de differentes espéces,
Qui parlant dans les eaux fit fourmiller sans cesse,
Des Poissons écaillés; puis d'un limon fangeux,
Fit nôtre premier Pere, riche & tres heureux,
S'il n'eût pas offensé la bonté souveraine,
Mangeant du fruit fatal, qui causa tant de peine
A tous ses descendans, qu'à la fin son cher Fils,
Pour païer leur rançon, se rendit Crucifix,
Lavant dans son pur Sang cette tache si noire,
Pour rendre les mortels capables de sa glóire:
Ainsi quoi que je sois de tres-nobles parens,
Que mon pere Clement soit l'un des plus puissans
De ce fertile Auxois; & qu'Alize, Ville altiére,
Soit le lieu où premier j'apperçûs la lumiére,
Si est-ce toute-fois que je m'estime mieux,
De ce que la bonté du Formateur des Cieux,
De sa Divine Loi m'a donné connoissance,
Que des vaines grandeurs la trompeuse aparence.

OLIBRE.

Quoi! Pucelle, êtes-vous si aveugle en la Foi?
Si folle que de suivre une nouvelle Loi,
De ce Galiléem, qui n'est qu'une imposture,
Loi si rigoureuse, que toute la nature,

Déteste avec raison, comme le fleau du corps,
Qui rend ses possesseurs comme s'ils étoient morts,
Loi pleine de soupirs, de sanglots, de miseres,
De chagrins soucieux, & de douleurs améres,
Qui passent en travaux, se terminent en tourmens,
Sans espoir de secours, ni de soulagemens :
Quités, belle quités, cette Loi miserable,
Loi supertitieuse, & plus vitupérable,
Et adorés nos Dieux, tres-hauts & tres-puissans,
En leur faisant fumer deux ou trois grains
        d'encens ;
Si vous faites cela, je vous jure, ma mignogne,
Que jamais vous n'aurés faute de ma personne :
Vous serés la plus grande & premiere à ma Cour;
Les délices, les jeux, les danses & l'amour,
Seront vos entretiens : les beaux habits de soïe,
Au lieu de ses haillons, vous combleront de joïe ;
Les Perles, les Rubis, les brillans Diamans,
Seront de vôtre corps les riches ornemens :
Tous les peuples Gaulois que ma dextre cômande,
Vous viendront réverer d'une affection tres-
        grande ;
Les chefs de mon Armée, & les nobles Seigneurs,
Les festins somptueux vous feront mille honneurs :
Mais si vous meprisés leur divine puissance,
Que vous ne leur rendiés parfaite obéïssance ;
Et si vous encourés mon sévere courroux,
Vous servirés de fable, & d'exemplaire à tous :
Sçavés vous pas combien j'ai gaigné de victoires ?
Combien mon bras sanglant a fait és ondes noires,

Defcendre les Gaulois, qui trop fiers & hautains,
Se vouloient oppofer à l'Aigle des Romains ;
Le Rône furieux, & la Saone dormante,
Sont pourprés de leur fang, & le bon Radamante,
A peine de conter le nombre des Chrétiens,
Qui lui font compagnie és champs Eliziens.

SAINTE REINE.

Prince, ne penfés pas que vos feintes promeſſes,
Vos appas décevans, ni toutes vos richeſſes,
Me faſſent délaiſſer mon Dieu mon cher confort,
Et bien moins les fraïeurs d'une cruelle mort :
Comment, j'adorerois des hommes les ouvrages,
Pour celui qui cõmande aux foudres & aux orages!
Quoi ! j'abandonnerois mon aimable Sauveur,
A qui j'ai confacré mes biens & mon honneur,
Ma vie, mon tout, mon Roi, mon Epoux & mon
      Pere,
Pour refpect d'un mortel je craindrois la colére,
D'un qui me peut caufer un tourment de deux
      jours,
Pour brûler à jamais és infernals féjours :
Non, non, plûtôt le Ciel brillera fans étoilles,
Plûtôt la Mer fera fans Vaiſſeaux & fans voiles,
Le gai Prin-temps fans fleurs, & l'Eté fans
      moiſſons,
Plûtôt dedans les eaux brûleroient les poiſſons,
Que de violer ainfi la Foi que j'ai promife,
A mon doux Jefus-Chrift, & à fa fainte Eglife,
J'aime mieux de gros draps voir mes membres
      couverts ;

Que de pourpre parer cette pâture aux vers;
Les brillant Diamans, la soïe & l'écarlate,
N'empêchent de pourir une chair délicate:
Dites-moi, de quoi sert un grand tas d'affiquets,
Sinon pour attirer la flâme des Muguets?
Les poudres de senteurs, le Came, & le Teruse,
Rendent que trop de fois la parole percluse:
Les bals, & les festins, perdent le plus souvent,
Une fille crédule, & la paissent de vent;
Dedans les Cours des grands, s'élevent des orages,
Où les plus chastes cœurs, ô! malheurs, font
    naufrages:
O! qu'il me plaît bien mieux de paître mes brebis,
Ez entre reculés, ou dans les champs fleuris,
Y manger du pain bie, boire l'eau cristaline,
Que de sentir l'odeur d'une grosse cuisine;
En ces lieux écartés, j'admire mon Epoux,
Plus beau que le Soleil, plus brillant & plus doux,
Mon amoureux Jesus, qui de cordelles teintes,
De son Sang purpurain retient mon ame em-
    prainte,
Me fait des lacs d'amour; le fer de son côté,
Me découvrant son cœur, fait que j'ai protesté,
Qu'autre amour que le sien n'entrera dans mon
    ame:
Ce bel Amant pour rendre éternelle ma flamme,
Et pour me témoigner qu'il est mon cher Epoux,
M'attache son amour des pointes de ses cloux;
Son chapeau épineux m'acquiert une couronne,
Qui d'immortalité raïonnante fleuronne.

OLIBRE.

De vrai, je ne fçaurois affés m'émerveiller,
Comme vous oferiés feulement me parler,
Et prifer devant moi ce Dieu imaginaire,
Méprifant mes avis pour vous fi falutaires :
Mais pour moi je pardonne à vôtre jeune erreur,
Si de tant de beautés je fuis le poffeffeur,
Ne perdés à c' édit vôtre belle jeuneffe,
Et fuivés de nos Dieux l'adorable fageffe ;
Mille biens à la fois vous feront aprêtés,
Rien ne poura manquer à vos felicités :
Vous benirés cent fois cette heure fortunée,
Qui aura joint nos cœurs fous les doux himenée ;
Vous aurés les plaifirs, les biens & les douceurs,
Et vos glorieux enfans feront mes fucceffeurs :
C'eft le fort qui fuivra le cours de vôtre vie,
Si vôtre volonté s'accorde à mon envie,
Sinon, outre ces biens, mon cœur que vous perdés,
Mille & mille tourmens bien tôt vous foûfrirés.

SAINTE REINE.

Monfieur, quoi que mon fexe inconftant & fragile,
De l'inftabilité foit le premier mobile,
Si eft-ce que jamais tous vos mignons difcours,
Ne me feront quiter le Dieu de mes amours :
Quoi ! pour mes plaifirs à l'Enfer je m'engage,
Pour un bien qui périt, je perdrai le cher gage
De ma pudicité : Ah ! plûtôt mille morts,
Plûtôt mille bourreaux déchireront mon corps ;
Le penfer feulement fait que mon poil fe dreffe,
Pourvoïés-vous ailleurs d'une infâme Maîtreffe,

Car toûjours de mon Dieu l'épouse je serai,
Et jamais d'autre Himen je ne contracterai :
Mais sçavés-vous, Monsieur, si vous me voulés
    croire,
Quités ce feu brutal qui rend vôtre ame noire,
Et tous ces Dieux de bois, d'or, de pierre, &
    d'airain,
Adorés seulement le grand Dieu souverain ;
Dieu trine en verité, devant qui les Archanges,
Les brillans Chérubins, les Séraphins, les Anges,
Tremblent en l'adorant de son amour épris,
Et mille millions de bien-heureux esprits,
Qui des pieds foulent l'or des voûtes azurées,
Célebrant ses grandeurs par des chansons sacrées :
Faites, faites bien plus, commandés aux Gaulois,
Et à tout vôtre Camp, qu'ils vivent sous ses Loix,
Ainsi vous obtiendrés une immortelle gloire,
Dont la posterité aura toûjours mémoire.

OLIBRE.

Puisque tu ne veux pas révérer les Autels,
Que dévot je consacre à nos Dieux immortels,
Que ta bouche contr'eux vomissât des blasphêmes
Transporte mon esprit dans des fureurs extrêmes :
Jamais les froids Hivers n'auront tant de glaçons,
Ni la Mer tant de flots sur ses moites sillons ;
Il ne tomba jamais tant de feüilles en Automne,
Que je ferai pleuvoir de coups sur ta personne :
Bussiere n'est qu'un sot à l'égard des tourmens
Que je sçai inventer ; les foits, les brûlémens,
Les crochets acerés, & les flammes ardantes,

Te feront reſſentir des douleurs violentes ;
Et dans l'eau froide aprés je plongerai ton corps,
Ainſi tu ſoûfriras pluſieurs ſortes de morts :
J'ai cent bourreaux tout préts, nourris dans le
      carnage,
Pour exercer ſur toi, leur fureur & leur rage.

SAINTE REINE.

Faites venir encore tous les Tigres affreux,
Les Ours & les Lions du Cahorſe pierreux,
Pour démembrer ce corps d'une rage plus forte,
Je ne les craindrai point, le Dieu qui me conforte,
Ne me refuſe pas la force & la vigueur,
De garder ſon amour au milieu de ſon cœur.

OLIBRE.

Soldats, attachés-moi cette fille obſtinée,
Et que dans la priſon elle ſoit emmenée :
Vîtes, dépêchés-vous, traînés-la promptement,
Et que le Geolier la garde ſûrement,
Juſqu'à ce que je ſois venu de Germanie,
Si pour lors à nos Dieux elle ne ſacrifie,
Je la ferai mourir.

FULCE.

          Sire, n'en doutés pas ;
Etie, empoigne-la, & la tiens par les bras,
Tandis j'attacherai ſon corps à cette chaine,
Donne moi les deux bouts afin que je l'entraîne :
Hola ? hau ? Geolier, ouvre nous la Priſon,
Met cette fille ici dans un profond grotton ;
Ne la laiſſe parler à perſonne du monde,
Autrement il faudra que ta tête en réponde.

ACTE III.

SCENE PREMIERE.

SAINTE REINE, PHILOMENE.
SAINTE REINE, en prison.

MOn aimable Sauveur, ô Jesus! mon bon Dieu,
A qui les noirs cachots de ce funeste lieu,
Sont aussi transparans que la belle lumiére,
Du raïonnant Soleil en l'ardeur coûtumiére,
De son midi plus chaud, voïés où l'on m'a mis,
Et me donnés pouvoir contre mes ennemis:
Je vous demande, hélas! les yeux baignés de larmes
Et les genoux courbés en ces tristes allarmes,
Que ma constance puisse au milieu des douleurs,
Par vôtre sainte grace émouvoir les rigueurs;
Donnés-moi, mon Sauveur, donnés-moi la con-
    stance,
Qui m'est tres-nécessaire à vaincre leur puissance;
Vous, qui d'un clin d'œil faites de ce grand tout,
Croûler les fondemens de l'un à l'autre bout;
Des monts plus sourcilleux les croupes cheveluës,
Qui d'un port orgueilleux s'éleve sur les nuës,
Se détournent devant vos suprêmes grandeurs,
Et humbles s'abaissant adorent vos hauteurs:
La Mer est sous vos Loix, & par vôtre parole,

Vous enseignés à tous les régles de l'école ;
Vous nous avés prescrit dans le mortel effort,
Que le corps étoit foible, & l'esprit étoit fort,
Donnés-moi cét esprit, mon Seigneur & mon Pere,
Et ne me laissés pas dedans cette misere,
Vous connoissés mon cœur, & sçavés qui je suis,
Ha ! secourés-moi donc au fort de mes ennuis :
Plûtôt en mille éclats me partage le foudre,
Qu'à vous abandonner on me puisse resoudre ;
Un tourment de cent ans seroit bien peu au prix,
Des plaisirs éternels du céleste pourpris ;
Quiter pour un moment de peine en ce bas monde,
Le Roïaume du Ciel, où toute chose abonde,
On doit juger celui privé du jugement,
Qui prend le fer pour l'or, le roch pour diamant :
Mon amour, mon souci, mon cœur, ma douce flâme,
Qui ne voudroit pour vous sacrifier son ame ?
Qui ne vous aimeroit, souverain Roi des Rois ?
Qui ne voudroit pour vous mourir dix mille fois,
En vous considérant dessus le bois funebre,
Le corps couvert de plaïes, & les yeux de ténebres ?
En quel transport d'amour, mon Sauveur êtiés-vous
Quãd pour vos ennemis qui vous rôpoient de coups
Priâtes vôtre pere au fort de vos soûfrances,
Pour obtenir pardon de nos griéves offenses ?
Qui fera donc celui qui pour l'amour de vous,
Soûfrira des tourmens sans les trouver bien doux ?
Ainsi ce lieu puant, infâme, & effroïable,
M'est pour vôtre sujet plaisant & agréable :
Mais j'entens une voix auprés de ce carneau,

C'eſt vous, ma Philomene, avec vôtre flambeau.
PHILOMENE.
Hélas ! Reine, j'étois dans une extrême peine,
Quand j'ai vû revenir nos brebis de la plaine,
Toutes ſeules des champs, j'ai crû à même inſtant,
Que vous aviés reçûë quelque étrange accident :
En courant vous chercher j'ai vû des Paſtourelles,
Qui m'ont fait le narré de ces triſtes nouvelles,
Que deux fiers Soldats vous menoient au quartier,
Sans vous faire tenir, ni chemin, ni ſentier ;
Je vais tout de ce pas droit là où l'on m'aſſure,
Qu'on vous avoit ja miſe dans la caverne obſcure :
Sans doute juſqu'ici j'ai donc voulu venir,
Afin de vous prier de vous bien ſouvenir,
De mes enſeignemens, & ne croire aux paroles,
D'Olibre le Tiran, qui ne ſont que frivoles.
SAINTE REINE.
Madame, ne croïés que je manque de foi,
A mon aimé Sauveur, mon Jeſus, & mon Roi ;
Olibre qu'il eſſaïe par ſes belles promeſſes,
Ses diſcours décevans, & ſes feintes careſſes,
D'avoir quelque aſcendant par-deſſus mon eſprit,
Je lui ai declaré que c'étoit Jeſus-Chriſt,
Que j'avois pour EPOUX, à la mort, à la vie,
Et d'autre que de lui n'aurois jamais envie.
PHILOMENE.
Continués, ma mie, en vôtre intention,
Et ne changés jamais de reſolution ;
Tant que vous ſervirés ce Soleil de Juſtice,
Vous n'apprehenderés d'Olibre la malice :

Quand même les Démons seroient tous côtre vous
Ne craignés nullement, vous les dompterés tous:
C'est lui qui peut changer vos travaux en délices,
Et qui fait trouver doux les plus cruels suplices;
Les grands brasiers seront vos rafraîchissemens,
Les horribles tourmens vos chers ébattemens:
Sus, sus, courage donc, génereuse guerriére,
Aprés que vous aurés fourni vôtre carriére,
Et remporté l'honneur dans les sanglans combats,
Les Lauriers immortels ne vous manqueront pas.

SAINTE REINE.

C'est bien tout mon desir d'avoir de la soûfrance,
Imitant mon Epoux dedans la patience:
Dieu vous donne sa paix, & récompense un jour,
Des soins qu'avés de moi au céleste séjour.

PHILOMENE.

La nuit approche fort, Dieu nous donne sa grace,
Prions-le toute deux qu'au Ciel nous aïons place.

SCENE II.

OLIBRE, LUCIE, FULCE, ETIE.

OLIBRE, *venant d'Allemagne.*

O Dieux! divins Auteurs des voûtes éternelles,
Je vous rend mille fois desgraces immortelles
Par vos saintes faveurs je suis victorieux,
Des Tudesques grossiiers, qui vouloient furieux,
Du grand Aurelian méprifer la puissance;
J'acquiert mille Lauriers par leur outre-cuidance
Le foudre de mon bras ne se peut éviter,
Non plus que le carreau du puissant Jupiter,

Aïant rempli de morts les chãps de ces brayaches,
Et octroïé la paix à ces courages lâches :
Enfin, heureufement me voila de retour,
Cher Lucie, je veux, je veux, je veux ce jour,
Que tout ce peuple ici par des chants d'allegreſſe,
Publient ma valeur, & ma haute proüeſſe ;
En prefence de tous, je veux dévotieux,
Une belle victime immoler à nos Dieux,
Et qu'au Temple facré chacun d'eux y aſſiſte :
Sus, qu'à ma volonté perfonne ne refiſte,
Mettés ordre à cela ; & vous, Fulce, il vous faut
Aller querir la Fille, & fans faire défaut,
Faites-la devant moi promptement comparoître ;
Car fi nos Dieux encore elle veut reconnoître,
Et à leurs faints Autels de l'encens prefenter,
Des tourmens tres-cruels je la veux exempter.

LUCIE.

Je m'en vais commander que l'on faſſe le Theâtre,
Où le gai Commédien doit aujourd'hui s'ébatre,
Et le Char de triomphe, où feront à milliers,
Par le col attachés, les captifs prifonniers.

FULCE.

Et moi, grand Gouverneur, d'une courfe légere,
Je vais faire venir cette belle Bergére ;
Je croi qu'elle a déja foûfert plufieurs douleurs,
Que l'éclat de fa face a les pâles couleurs :
Les rofes qui étoient fi bien épanoüies,
Sur fon teint délicat feront évanoüies ;
Car n'aïant pour tout mets que du pain & de l'eau,
Dans cét obfcur grotton, ou plûtôt ce tombeau,

La faim, la froide peur, l'honneur & la misere,
L'auront fait devenir plus sage & moins sévere,
Et doit-on réputer à tres-grande faveur,
Que soïés maintenant de son cœur possesseur.

OLIBRE.

Si à tous mes desseins elle est toûjours rebelle,
Je lui ferai soûfrir une mort tres-cruelle.

ETIE.

Monsieur, vous le ferés selon vôtre devoir,
Il faut que tout fléchisse à vôtre grand pouvoir.

SCENE III.

FULCE, ENCLASTRE, ETIE.

FULCE.

ENclastre, parle à moi ?

ENCLASTRE.

Qu'est-ce que tu demande ?

FULCE.

Olibre, de ma part, t'enjoint & te commande,
Que tu ne manque pas de remettre en mes mains,
La belle prisonniere aux yeux doux & serains;
Car je la veux mener en sortant de la porte,
Devant lui promptement.

ENCLASTRE.

Certes elle est prêque morte,
Car dépuis tant de temps en ce triste manoir,
Elle ne vit que d'eau, & un peu de pain noir,
Qu'au bout de ce cordeau, par jour je lui
      devale,
Elle a dû plus soûfrir que n'endure Tantale,

FULCE.

Je ſçai bien qu'en ce lieu elle doit empirer,
Mais auſſi promtement il la faut retirer.

SAINTE REINE.

Doux Sauveur qui voïés la peine que j'endure,
Hélas! aïés pitié de vôtre créature;
Faites-moi des détroits en ces infâmes lieux,
Pour ſoûfrir, s'il vous plaît, les tourmens furieux
Qu'il plaira au Tiran, que ſa rage il exerce,
Sur moi tant qu'il voudra, qu'il rôpe, briſe & perce
S'il veut tous les endroits de ce débile corps,
Bref, qu'il faſſe ſur moi ſes plus cruels efforts,
Afin qu'en achevant cette mortelle courſe,
Mon ame vole à vous, d'où elle a pris ſa ſource;
Cependant, mon Jeſus, donnés-moi le pouvoir,
D'être toûjours conforme à vôtre ſaint vouloir:
Mais j'entends quelque bruit, il ſemble que l'on
      ouvre,
Là-deſſus le trapon, la clarté je découvre;
Ce n'eſt pas l'heure ici que l'on me venoit voir,
Eſt-ce quelque Démon qui me veut décevoir.

ENCLASTRE.

Voilà la trape ouverte, tends lui donc cette échelle
Mais que vois-je, ô grand Dieu! un Ange eſt avec
      elle.   SAINTE REINE.
Je les entends parler de me ſortir d'ici,
Pour me faire r'entrer dans un nouveau ſouci.

FULCE.

Sus, ſus, dépêchés vous, montés belle agréable,
Vous verrés du Soleil la clarté deſirable.

SAINTE REINE.

Je ne vois presque rien, je suis comme les Ours,
Renfermés dés long-tems en leurs obscurs séjours
Et qui sortis enfin de l'affreuse taniére,
Commencent de revoir le pere de lumiére:
Que voulés vous de moi ?

FULCE.

      Sortés, mais promptement,
Et venés avec nous paroître en jugement,
Devant le grand Olibre, & que par sa Sentence,
Vous aïés un loïer condigne à vôtre offence ;
A moins que ne vouliés encenser à nos Dieux,
Jupin, Venus, Saturne, & Mars le furieux,
Mercure, & les enfans de Jatonne la belle.

SAINTE REINE.

Je ne serai jamais de Jesus infidelle,
Et ne fausserai point le célebre serment,
Qu'au Baptême je fis si solemnellement.

ETIE.

La prison, je vois bien, ne vous fait pas plus sage,
On vous fera pourtant bien changer de courage.

SCENE IV.

OLIBRE, SAINTE REINE.

OLIBRE.

MA fille, venés ça, dites sans fiction,
Voulés-vous persister dans vôtre opinion?
Voulés-vous pas ce jour pour comble de ma gloire,
Reconnoître nos Dieux, un Temple de victoire?
Puisque par leur pouvoir, sublime & souverain,

J'ai dompté la fureur d'un grand peuple germain;
Il faut que maintenant par un vœu magnifique,
Vous veniés honorer l'allegreſſe publique,
Et pour bien ſatisfaire offrir à leurs Autels,
Les odeurs qu'on ne peut donner qu'aux immor-
    tels :
Sauvés vôtre jeuneſſe, & tâchés de me plaire,
N'attirés point ſur vous ma tres-juſte colére;
Vous ſçavés que je puis d'un bras vous étouffer,
Sans emploïer les feux, ni les eaux, ni le fer :
Mais j'aime beaucoup mieux exercer ma clemence
Que le foudre orageux d'une juſte vengeance.

SAINTE REINE.

Je vous ai declaré, deux, trois, & quatre fois,
Q'autre Dieu que Jeſus jamais n'adorerois;
A tous vos beaux diſcours mon cœur eſt inflexible,
Et je ſuis auſſi ferme qu'un rocher invincible,
Qui plus ſe ſent battu par les fleaux écumeux,
Plus fort il leur reſiſte, & plus ſe mocque d'eux:
Vous avés beau priſer vos eſcadres guerriéres,
Vanter vos légions, & vos troupes altiéres,
Puiſque vôtre pouvoir n'eſt qu'ombre, poudre,
    & vent,
Qui ne peut reſiſter devant le Dieu vivant,
C'eſt lui qui tient en main l'orage & la tempête,
Et qui peut à l'inſtant écraſer vôtre tête :
Oüi, ſi mon Dieu veut, il me peut arracher,
De vos cruelles mains de la mort m'exempter;
S'il veut en ma faveur, il enverra ſes Anges,
Ses génereux guerriers, ſes luiſantes phalanges,

Qui pour me délivrer ne feront peu de fruit,
Puis qu'un seul autre-fois en une seule nuit,
Devant Jerusalem l'honneur des belles Villes,
En fit mourir trois cents soixante & quinze milles,
Qui cruels menaçoient le peuple Hebrieu,
Et un seul n'échapa la vengeance de Dieu :
Puis quand à Canaam, Josué faisoit la guerre,
Il fit tomber les murs de Hierico par terre,
Du seul bruit des tambours, trompettes & clairons,
Qui autour par sept jours se promenoient en rond;
Ne fit-il pas trois jours par sa seule priere,
Arrêter les Coursiers du Char porte-lumiere,
Afin d'exterminer tous ses fiers ennemis,
Qui pour lui resister en devoir se sont mis ?
Quoi ! j'abandonnerois ce Formateur des Poles,
Pour rendre de l'honneur à vos mortes Idoles ?
Vous m'avés beau forcer, je ne le ferai pas,
Je soûfrirois plûtôt mille & mille trépas ;
Puis que Christ a donné pour moi sa propre vie,
C'est juste que pour lui la mienne soit ravie.

O L I B R E.

Prenés-la, mes bourreaux, prenés-la promptement,
Et sur le chevalet l'attachés seurement ;
Que de ses foüets cruels elle soit écorchée,
Et par tous les endroits de son corps fustigée ;
Que ses membres sanglans fassent mille ruisseaux,
Et que sa chair soit mise en cent mille morceaux :
Vîtes, dépêchés-vous, vous sçavés le mistére,
Appaisés par vos bras la flambante colére,
De nos Dieux irrités, à cause du mépris,

Que cette malheureuſe allume en ces eſprits.

SCENE V.

EVANDRE, NICAN, SAINTE REINE, CLEMENT,
Philomene, Leonice, Cœur du Peuple.

EVANDRE.

Nican, attache-la de ces cordes-fléxibles,
Attache lui les bras, qu'ils ne nous ſoient
    nuiſibles ;
Mettons-la toute nuë, afin de voir ſa chair :
Dépoullés-vous, ma mie, il ne faut rien cacher.

SAINTE REINE.

O ! Dieu, juſte Dieu, quel effroi me ſurmonte ;
Faut-il que devant tous je découvre ma honte ?
Environnés mon corps de broüillards ſi groſſiers,
Qu'il ne puiſſe être vû de ces Loups carnaciers :
Frappés leurs yeux laſcifs de ténebres opales,
Qu'ils n'aſſouviſſent pas leurs paſſions brutales,
En voïant de mon corps la fragile blancheur,
Conſervés-moi, mon Dieu, en ma pure candeur ;
Mais hélas ! je me plains, qu'il faut que je ſois vûë,
De tant de regardans aujourd'hui toute nuë,
Ne conſidérant pas, mon aimable Sauveur,
Que vous avés paſſé ſous la même rigueur :
Quoi ! faut-il qu'à ce coup mon cœur paroiſſe
    lâche,
Dépoüillés-moi, bourreaux, ſus vîte qu'on
    m'attache,
A ce dur chevalet, vous ſerés plûtôt ſaouls
De me battre, que moi de recevoir vos coups.

NICAN.

Sus, mon Maître, arrachés vîtement ses habits,
Elle fait moins d'effort qu'une simple brebis.

EVANDRE.

Pour la bien garotter, il faut qu'elle s'étende :
Tourne bien cette vis, afin que tu la bande ;
Attend, nous lui feron tantôt un peu sentir,
Ce que vaut le remord d'un aigre repentir :
Nican, prend cette courge, & de ce côté frape,
Ne crains pas qu'elle fuïe, ni qu'elle nous échape.

SAINTE REINE.

Mon refuge & mon Dieu, mon époux, mon amour,
Cent & cent mille fois je benirai le jour,
Que j'ai l'heur de soûfrir pour vous d'un ardent
    zele ;
Je vous offre ce sang virginal qui ruiſſele,
Pour le gage aſſuré de la sainte amitiée,
Que je vous ai promis, ô ! ma chére moitiée,
Que ma soûfrance, hélas ! au moins ne soit perduë,
Et qu'éternellement je ne sois confonduë :
Acceptés ce prémice, & pour l'amour de vous,
Tous les autres tourmens me sembleront bien
    doux.

CLEMENT.

Reine, ma fille, hélas ! que vous êtes peu sage,
Voulés-vous faire honte à vôtre parentage ?
Faut-il que vous perdiés pour une opinion,
L'honneur que vous donnoit vôtre perfection ;
Olibre desiroit de vous avoir pour femme,
Les attraits de vos yeux avoient charmé son ame,

Les moïens lui étoient toûjours indifferens,
Il pouvoit avancer, vous & tous vos parens :
Que j'euſſe été heureux de voir vôtre jeuneſſe,
Elevée au ſommet d'une altiére richeſſe ;
Si vous me voulés croire, avant qu'un plus grand
    mal,
Vienne tôt terminer vôtre malheur fatal,
Tâchés de captiver l'amitié de ce Prince,
Il eſt le plus puiſſant de toute la Province.

LEONICE.

Ma Niéce, croïés donc l'avis de vôtre Pere,
Il eſt avantageux, benin & ſalutaire ;
Vous vivrés tres-heureuſe, & nous ſerons joïeux,
De vous voir poſſeder un état glorieux.

SAINTE REINE.

Mais quoi ! que gagnés vous à me rompre la tête,
De diſcours ſuperflus, je ne ſuis pas ſi bête,
Pour un bien de néant, qui en bref périra,
Perdre celui du Ciel, qui toûjours durera :
Quelque Démon vous fait prononcer ces paroles,
Pour me perſuader d'adorer des Idoles ;
Sathan n'eſt qu'un vilain, je me ris de ſes glus,
Retirés vous de moi, & ne me parlés plus.

CLEMENT.

Adieu fille opiniâtre, adieu fille perfide,
Je vois bien que tu es de toi-même homicide.

PHILOMENE.

Reine, ne croïés pas ces diſcours décevans,
C'eſt pour vous perdre enfin, qu'ils les vont
    pourſuivans :

Soûfrés d'un cœur conſtant toute ſorte de peine,
Et vôtre récompenſe au Ciel ſera certaine.

CŒUR DU PEUPLE.

Fille, qui ſurpaſſés les plus belles pucelles,
Comme l'Aſtre du jour les nocturnes chandelles,
Pourquoi permettés-vous que vos rares beautés,
Soient le ſanglant butin de tant de cruautés ?
Vous devriés accepter les riches dons d'Olibre,
C'eſt un Prince vaillant, puiſſant, benin & libre;
Il eſt brave & hardi, génereux & tres-fort,
Gouverneur des Gaulois, & l'un des vrais ſuport
De l'Empire Romain, ainſi vous deviés p.endre
Un ſi noble parti, que pouviés vous attendre de
    lui deſobeïr ? Qu'une cruelle mort,
Et à ce compte là vous aurés un grand tort;
Vous ne deviés jamais à ce Prince déplaire,
Pour l'eſpoir d'un ſeul bien qui eſt imaginaire;
De plus riches que vous tiendroient à grand
    honneur,
D'accepter pour mari un ſi brave Seigneur:
Vous pouvés bien encor échaper la mort blême,
Prenés-le pour époux, vous ſçavés qu'il vous aime.

SAINTE REINE.

Penſés-vous, pauvres gens, que vos pieux diſcours,
Me faſſent délaiſſer le Dieu de mes amours?
Je perdrois un Amant, ſi beau, ſi ſaint, ſi ſage,
Pour embraſſer un rien, un ombre, un vain nuage:
Quoi! pour ſauver ce corps plein de corruption,
D'ordure, puanteur, & putréfaction;
Et crédule, complaire à un brutal infame,

Pour une éternité je perdrois ma pauvre ame :
O! mauvais conseillers, êtes-vous incensés ?
Rien qu'aux charnalités certes vous ne pensés ;
Ne m'importunés-plus de tant de flateries,
Mais las! songés un peu que vos idolâtries,
Vous montrent tous les jours le chemin des Enfers,
Et que vous merités les flâmes & les fers,
Si vous ne demandés pardon de vôtre offence,
A mon Sauveur qui est tout rempli de clemence :
Pensés vous que pour voir ruisseler mon pur sang,
Que pour être brûlée, & par dos, & par flanc,
Dans le bûcher ardent de ce cruel carnage,
Mon cœur tremble, vacile, & change de courage ?
Celui que mon cœur aime au fort de mes douleurs
Comble mes sens de joïe, de plaisirs, & dou-
    ceurs :
Servés ce bon Jesus, & lui soïés fidelles,
Pour joüir à jamais des clartés éternelles ;
Et n'offrés sacrifice à ces infâmes Dieux,
Qui furent autre-fois des hommes vicieux.

SCENE VI.

OLIBRE, EVANDRE, SAINTE REINE.

OLIBRE.

LEs foüets ne peuvent ils adoucir son courage ?
Ne change-t'elle pas à present de langage ?
Evandre, prenés-moi ces deux peignes de fer,
Et qu'à force de bras on lui rompe sa chair ;
On ne sçauroit assés punir son insolence,
Il faut tâcher pourtant d'ébranler sa constance,

EVANDRE.

Monseigneur, c'est bien dit, car ce nouveau tourment,
Est beaucoup plus sensible, & bien plus véhement:
Si le corps te demange, écoute, ma pucelle,
Voila pour te grater à la mode nouvelle.

SAINTE REINE.

Secours, mon bon Jesus, ô! bourreaux inhumains,
Gratés & déchirés de vos bourelles mains,
Ma chair en cent lambeaux & en cent mille piéces;
Inventés des tourmens de toutes les espéces,
Jamais mon cher Epoux ne m'abandonnera,
Et de les suporter pouvoir me donnera.

OLIBRE.

Reine, mon petit cœur, change un peu de courage
Et encense à nos Dieux en leur rendant hommage:
Ne perds pas à crédit cette aimable beauté,
Et ne verse sur toi si grande cruauté.

SAINTE REINE.

O! barbare Tiran, nourri d'une Tigresse,
Qui me voit maintenant en si grande détresse,
Viens étancher ta soif de mon sang virginal,
Et n'estime pourtant que je t'en veüille mal:
As-tu pitié de moi, que tu couvre ta face
De ton manteau de pourpre? accorde-moi la grace,
Au moins cette faveur, d'ouvrir bien constamment
Les yeux de ton esprit; regarde fixement
Quels sont tous ces faux Dieux que tu veux que j'adore?
Quelles sont leurs vertus? L'un ses enfans dévore,

L'autre eſt un vrai paillard, celui-là un trompeur,
Celui-ci ſanguinaire, & l'autre adulateur,
Voila quels ſont tes Dieux ; Mais mon Dieu qui reſide,
Au haut du Firmament, qui ſur les eaux preſide,
Sur la Terre, aux Enfers, eſt plus à préferer ;
C'eſt ce Dieu Tout-puiſſant que tu dois adorer :
Tu és donc incenſé d'adorer des Idoles,
Qui ont des mains, des yeux, & n'ont ſens, ni paroles ;
Je me ſens plus heureuſe au milieu des tourmens,
Que tu n'és dans ta pourpre, & dans tes orne-
mens :
Et vous, pauvres abuſés, qui verſés mille larmes,
Pour me voir endurer ſes horribles vacarmes,
Plûtôt, Meſſieurs, aïés, aïés pitié de vous,
Voïés en quel état, hélas ! vous êtes tous ;
Pleurés, pleurés plûtôt vos pechés & vos crimes,
Qui vous entraîneront aux cruelles abîmes,
Si vous n'abandonnés ces exécrables Dieux,
Pour ſuivre le Seigneur de la Terre & des Cieux.

O L I B R E, parlant aux bourreaux.

Mes amis, ce n'eſt pas par vôtre négligence,
Qu'elle ne veut quiter ſa mauvaiſe créance ;
Je ne ſçai plus que faire, elle ſaigne par tout,
Son corps eſt écorché de l'un à l'autre bout :
Il la faut détacher, & qu'elle ſoit remiſe,
Ainſi enſanglantée au lieu où l'on l'a priſe,
Afin qu'elle ait loiſir de penſer aux douleurs,
Qui doivent achever la fin de ſes malheurs.

ACTE IV.

SCENE PREMIERE.

SAINTE REINE, L'ANGE EN FORME de Colombe, paroissant sur une grande Croix qui sembloit toucher de la Terre au Ciel.

SAINTE REINE.

AGneau tres-innocent, qui la nuit ténebreuse,
Avant d'être attaché à la Croix douloureuse,
Fûtes si mál-traité des Soldats insolens,
Et reçûtes des coups si cruels & sanglans,
Des foüiets, soufflets, crachats, & injures notables,
Qu'à la fois vomissoient ses bouches exécrables,
Vous attribuant à tort le faux nom d'imposteur,
De séducteur, d'infâme, & de perturbateur ;
Mené & ramené chés Anne, & chés Caïphe,
A Pilate, à Herodes, au souverain Pontife,
Qui étant dans les mains des horribles bourreaux,
Lié & garotté, de longs & gros cordeaux :
Desirable Pasteur je vous rends mille graces,
De ce que par vos soins je marche sur vos traces;
Vous faites que mon cœur brûlant de vôtre amour
Témoigne sa constance & sa force à son tour,
En soûfrant des tourmens tres-cruels & terribles,

Doüans mon foible esprit de forces invincibles,
Que les douces faveurs durent j'usqu'à la fin,
Puis qu'il faut que je sois de la mort le butin;
Je vous requiers, mon Dieu, les soûpirs à la bouche,
Et les sanglots au cœur, que vôtre mort me touche,
Et que les saints attraits d'un si cher souvenir,
Puissent dans le devoir toûjours me contenir;
Quelle est cette splandeur! une étoille si claire,
Peut-elle en ces cachots causer tant de lumiére?
Qui pourroit allumer un si luisant flambeau,
Un croissant de dix jours ne seroit pas plus beau?
Mais d'où vient cette Croix qui transperce la nuë,
Dont la grandeur immanse m'ébloüissant la vûë,
Semble d'un bout toucher le doré Firmament,
Ce spectacle me met dedans l'étonnement:
D'ailleurs, je vois encore une Colombe assise
Dessus la sommité.

      L'ANGE, *en forme de Colombe.*

         Sainte Vierge d'Alize,
Consommée en vertu, & en perfection,
Qui génereusement suivés d'affection,
Vôtre tres-cher époux; sus, aïés bon courage,
Faites de bien en mieux, & ne craignés la rage
De vos fiers ennemis, combattés jusqu'au bout,
Car vous obtiendrés tôt la victoire par tout:
Vôtre chasteté jointe à vôtre patience,
Et vôtre esprit rempli d'admirable constance,
Orneront vôtre chef de Lauriers toûjours verds,
Pour loïer des travaux que vous aurés soûferts;
Ces Lys de pureté, ces odorantes Roses,

De vôtre noble ſang fécondement écloſes,
Vous feront à longs traits dedans l'Eternité,
Enyvrer des torrens de ſainte volupté :
Rejoüiſſés vous donc, vôtre Epoux magnifique,
Vous invite, par moi, à ſa Nopce miſtique ;
Venés, Reine, venés à ce ſacré feſtin,
Vous trouverés bien-tôt de vos travaux la fin ;
Et ſçachés de ma part, vertueuſe pucelle,
Que demain vous aurés la couronne éternelle.

SAINTE REINE.

Ambaſſadeur ſacré de mon céleſte Epoux,
Que vos diſcours ſont beaux, charmans, divins &
    doux,
Vos affables regards renouvellent mes forces,
Mes ſens ſont enchantés par vos ſaintes amorces:
Tirans, tous vos efforts je n'appréhende plus,
Je me mocque de tous vos tourmens ſuperflus ;
Quand même ils ſeroient mille fois plus étranges,
Que ceux du Phalaris, inventés par ſes Anges,
Du cruel Zabulon, ne m'étonneroient pas,
Puiſque mon doux Sauveur m'envoïe du ſoulas,
Il ne permettra pas qu'au gouffre je ſuccombe,
Il me relevera, s'il connoît que je tombe :
Que n'ai-je maintenant des aîles comme vous,
Pour m'aller repoſer és bras de mon Epoux ;
Je franchirois les airs, & ma courſe ſacrée,
Iroit comme les vents vers la voûte étherée :
J'attendrai quelque peu, noble Bourgeois des
    Cieux,
Et en vollant là-haut, je vous ſuivrai des yeux.

OLIBRE.

Pauvre fille, viens ça, dis-moi aime tu mieux,
Ou tout prefentement faire honneur à nos Dieux,
Ou bien que tes côtés par douleurs violentes,
Sentent l'effet des feux de ces torches ardentes.

SAINTE REINE.

Tiran ne penfe pas que l'horreur de ces feux,
Faffent trembler mon cœur, quoi qu'ils foient
      bien affreux ;
L'amour de mon Jefus qui embrafe mon ame,
Me fera furmonter cette effroïable flâme :
Tu peux bien furmonter ce frêle & foible corps,
Mais jamais mon efprit ne craindra tes efforts ;
Qu'ils paffent à milliers les noirs flots de Cocite,
Je vous mets tous au pis, enrage & te dépite.

OLIBRE.

Mes bourreaux tempêtés, & fracaffés de coups,
Cette obftinée ici qui me met en courroux :
Dépoüillés fes habits, déchirés fa chemife,
Et au dur chevalet que nuë elle foit mife ;
Guidés-la bien ferrée, & de ces feux ardens,
Brûlés-lui les côtés, en forte qu'au dedans,
Elle fente l'effort de cette peine dure,
Et ce que peut valoir une extrême torture.

EVANDRE.

Nican approche-toi, la voila dépoüillée,
Attache cette corde, encore toute foüillée,
De fon fang purpurin, à fes pieds fermement,
Et nous verrons un peu fi ce nouveau tourment,
Peut en quelque façon ébranler fa conftance.

NICAN.

Elle aura le cœur bon, ainſi comme je penſe,
Si ces feux ne la font tantôt changer d'avis.

EVANDRE.

Les effets ſerviront plus que tous les devis :
Ça, ça, voïons un peu, fillette opiniâtre,
Si tu ſeras toûjours dans ton humeur folâtre.

SAINTE REINE.

Eternel, qui jadis trois enfans innocens,
Preſervâtes des feux cruels & rougiſſans,
De l'ardante fournaiſe, & trois jours dans ces
    flâmes,
Sçûtes bien conſerver, & leurs corps, & leurs ames,
Sans ceſſe beniſſans vôtre Nom glorieux,
Convoquant les vertus de la Terre & des Cieux,
A benir vos bontés, ſe promenant à l'aiſe,
Es rouges flots du feu de l'ardante fournaiſe,
Et les ſortant déhors ſans nulle leſion,
Traitant leurs ennemis de telle punition,
Que pourroit mériter un ſi grand malefice,
Et les faiſant paſſer par le même ſuplice :
Pitoïable Jeſus, mon aimable Sauveur,
Je ne demande pas une telle faveur ;
Mais bien que de ces feux l'extrême véhemence,
Eloigne les braziers de ma concupiſcence :
J'ai paſſé par le feu, Seigneur, doux & clement,
Et vous m'avés conduite au rafraîchiſſement ;
Tiran, que gagne-tu ? Ni les feux, ni les flâmes,
Ne me feront ſervir tes Idoles infâmes :
Aprés tout, pour avoir les deux côtés grillés,

Les yeux de mon esprit en sont mieux desillés.
OLIBRE.
Emplissés une tonne d'une source d'eau vive,
Pour lui faire sentir la froideur excessive.
SAINTE REINE.
Envoïe, ô! fier Tiran, quérir toute la glace,
De la Seine & du Rhin, que dedans on m'entasse;
Si mon Jesus le veut à lui je me conjoint,
Pour lui je veux souffrir jusques au dernier point.

SCENE V.
OLIBRE, COEUR DU PEUPLE.
OLIBRE.

Qui auroit jamais crû qu'une simple pucelle,
Eusse pû suporter cette douleur cruelle?
Pour moi je ne croi pas qu'elle ait du sentiment,
Je mé douterois bien de quelque enchantement;
Elle est côme le fer qu'à grands coups on martelle,
Ou comme l'or fin qu'on met dans la coupelle,
L'un s'endurcit plus fort, l'autre devient plus beau,
Mes yeux me trompés-vous en ce cas si nouveau:
J'ai vaincu autre-fois des Nations entiéres,
J'ai conduit, génereux, mes escadres guerriéres,
Dés le lit de l'Aurore où léve le Soleil,
Jusques dedans les lieux où il fait son sommeil,
Où tous ceux qui vouloient me faire resistance,
Je les ai dissipés, & mis en décadence;
Et cette opiniâtrée au milieu des tourmens,
Resiste aux foüets, aux fers, & aux feux véhemens:
J'ajoûterai de plus ce genre de suplice,

Et verrai si cette eau lavera sa malice:
Sinon je lui ferai la trame découper,
Et à rouges boüillons tout son sang épancher,
Pour offrir à nos Dieux, & pour les satisfaire,
Des orgueilleux mépris de cette témeraire.

CŒUR DU PEUPLE.

Que fera ce cruel, sa peine est inutile,
 De vouloir inventer,
Tant & tant de tourmens pour cette pauvre fille,
 De maux acravanter?
Ce beau sang virginal qui découlant par terre,
 Nous attire des pleurs,
Et ce fer violant qui la presse & la serre
 Avec tant de douleurs,
Qu'à servi tout cela, sinon doubler sa force,
 Pour vaincre ses efforts?
C'est en vain, c'est en vain, le cruel qu'il s'efforce,
 De tourmenter son corps;
A tant de cruautés sa belle ame résiste,
 Comme le Diamant,
Car plus il la tourmente, & plus elle persiste,
 A soûfrir doublement;
D'endurer pour son Dieu, sont ses chéres délices,
 Elle trouve les coups,
Et les traits rigoureux des plus cruels suplices,
 Tres-suaves, & tres-doux:
Triomphés constamment, valeureuse guerriére,
 Des tourmens furieux,
Aprés que vous aurés fourni vôtre carriére,
 Vous vivrés dans les Cieux,

ACTE V.

SCENE PREMIERE.

EVANDRE, SAINTE REINE.

EVANDRE.

Lions-lui les deux mains & les pieds de ces
cordes.

SAINTE REINE.

Seigneur, souvenés-vous de vos misericordes.

EVANDRE.

La cuve est pleine d'eau, ça plongeons-là dedans,
Elle lui fera pis que les brasiers ardens :
Nican, empoigne-là, poussons-là toute à l'heure,
Dans ce frais lavatoire, il faudra qu'elle y meure.

SAINTE REINE, *dans l'eau.*

O! divin Créateur de la Terre & des Cieux,
Sur vôtre humble servante, hélas! jettés les yeux,
Puisque ce fort lien si rigoureux m'enlasse,
Que je ne puis lever mes mains vers vôtre face,
Droit és monts écartés j'éleve mes regards,
Je suis de mes haineux ceinte de toutes parts ;
Pour rompre ces cordeaux force me soit donnée,
De tous, sinon de vous, je suis abandonnée :

Qu'un miracle ſoit fait pour délivrer d'erreurs,
Ces pauvres abuſés qui ſe baignent de pleurs,
De la pitié qu'ils ont d'admirer ma ſoûfrance,
Vous le voulés, mon Dieu, infini en puiſſance;
Les cordeaux ſont rompus, je ſuis en liberté,
L'eau change ſa froideur en chaude humidité;
Tout ainſi qu'au Printemps l'agréable roſée,
D'une percluſe humeur rend la terre arrouſée,
Quand l'aurore commence à découvrir le jour,
Et qu'elle fait rentrer toutes choſes en amour:
O Pere! ô Roi des Rois! mon cœur, ma douce
    flâme,
Le torrent a paſſé par-deſſus ma pauvre ame;
Vous m'avés beau plonger, execrables bourreaux,
Vous perdés vôtre temps, regardés vos cordeaux,
Entiérement briſés : ne craignés-vous, canailles,
Que la Terre qui tremble en ſes creuſes entrailles,
Ne vous abîme tous, comme elle fit jadis,
Corré & ſes ſupôts, qui vouloient trop hardis,
Avoir la dignité du Prince de l'Egliſe,
Que le Dieu Tout-puiſſant de ſon Trône autho-
    riſe:
Je ſens deſſus mon chef, je ne ſçai quoi qui luit,
C'eſt l'Ange Colombin que j'ai vû cette nuit;
Il porte dans ſon bec une riche Couronne,
Et comme un clair Soleil, à mes yeux il raïonne.

SCENE II.

L'ANGE EN FORME DE COLOMBE,
prefentant la Couronne à Ste. Reine.

SAINTE REINE, COEUR DU PEUPLE.
L'ANGE.

O Reine par effet, beaucoup plus que de nom,
Voïci le beau prefent, l'ineftimable don,
Le précieux chapeau de triomphe & de gloire,
Dont vôtre cher Epoux, aprés vôtre victoire,
Ornera vôtre chef, voici le jufte prix,
Que vous poffederés en fon facré pourpris :
Venés, Vierge, venés, dedans ce beau Parterre,
Exempt de tous frimats, de foudre & de tonnerre,
C'eft le lieu qui joüit d'un éternel Prin-temps,
Où la mort, les douleurs, ni l'empire du temps,
N'ont point d'autôrité qui foit confiderée ;
Les extrêmes rigueurs du froidureux Borée,
Les chagrins, les foucis, n'ont pouvoir dans ces
　　lieux,
C'eft où l'on effuïera les larmes de vos yeux :
Vous avés enduré de tres-cruelles peines,
En épuifant pour Dieu tout le fang de vos veines,
Mais ce divin Amant vous recompenfera,
D'un loïer infini qui toûjours durera.

SAINTE REINE.

O amour ! ô bonté ! ô douceur ineffable !
Que vous avés de foins pour une miferable :
Las ! fi vous m'envoïés un peu d'affliction,

J'ai mille foïs autant de confolation ;
Ce fera donc bien-tôt, Ambaffadeur fidelle,
Que mon efprit quitant la dépoüille mortelle,
De ce débile corps pointera dans les Cieux,
Pour vous y contempler, cher Epoux glorieux:
Bel efprit qu'il me tarde, & que l'heure me preffe,
Que j'aurai de plaifir, que j'aurai de lieffe,
De voir à découvert mon adorable Epoux,
Devant qui tous les Saints fléchiffent les genoux,
Qui eft leur doux objet, & qui les ràffafie,
De fes divins Nectars, & de fon Ambroifie.

CŒUR DU PEUPLE.

Quel fpectacle eft ce ci; Que le Dieu des Chrétiés
Eft un Dieu admirable, & qu'il aime les fiens ;
Ces bourreaux étonnés ne fçavent plus que faire ;
Quitons l'Idolâtrie, & craignons la colére,
De ce Dieu Tout-puiffant, pitoïable & benin ;
Qui pour nous a goûté de la mort le venin :
Faifons nous baptifer, & vivons en fa crainte,
Gardons fa fainte Loi dans nos efprits empreinte;
Confidérons la Vierge au fortir de cette eau,
Son corps eft lumineux comme un luifant flam-
    beau :
De l'Ange les difcours font de parfaits Oracles,
Il n'appartient qu'à Dieu de faire des Miracles,
L'ombre doit céder à la realité,
Le menfonge eft détruit par cette verité.

SCENE III.
OLIBRE, SAINTE REINE.
Cœur du Peuple.

OLIBRE.

O Manoirs! ô fureurs! ô defefpoir! ô rage!
Ne vengerai-je pas ce defaftreux outrage?
Elle ébranle ce peuple par ces fubtils liens,
Je crains qu'il n'en arrive autant à tous les miens;
Si je ne fais mourir cette fine Medée,
Elle les perdra tous par une fauffe idée:
Qu'on la jette foudain hors de la Cité,
Qu'au penchant de ce mont, comme elle a merité,
Le chef lui foit tranché, c'eft un trop doux fuplice,
Qui ne fe trouve pas conforme à fa malice;
Mais quoi! que voulés vous, il s'en faut détraper,
Puis qu'elle fubvertit, & tâche d'attraper,
Par fes difcours polis tout le fimple vulgaire,
A quel prix que ce foit il nous en faut défaire.

SAINTE REINE,

D'une fi douce mort, hélas! je vous rends grace,
Aujourd'hui je verrai mon Sauveur face à face:
O jour tres-defirable! ô jour bien-heureux jour,
Qui me fera goûter les fruits de mon amour!
Jour qui me conduira à l'objet ineffable,
Qui m'offre, libéral, fa gloire perdurable:
Allons, mon ame allons, courons d'un pas léger,
Cherchons mon bien-aimé, ne craignons le danger
Ce cœur qui fans ceffe bat au fond de ma poitrine,
N'aura point de repos, bonté toute Divine,

Qu'il ne foit tout à vous : Dépêchés-vous,
    bourreaux,
Faites ce qu'on vous dit, que vos Palais font beaux,
Qu'ils font doux & charmans, ô qu'ils font
    agréables !
Quand verrai-je mon Dieu en ce lieu defirable ?
Sera-ce bien-tôt ? Bourreaux êtes-vous prêts ?
Monfieur entend qu'en bref on fuive fes Arrêts :
Chére Patrie au moins, peuple je vous conjure,
De mettre, s'il vous plaît, ordre à ma fépulture;
Suivés, mes chers amis, la Loi de Jefus-Chrift,
Qu'elle foit à jamais gravée en vôtre efprit :
Croïés moi de bon cœur, ô ma chére Patrie !
Delaiffés les faux-Dieux, quités l'Idolâtrie;
Servés, fervés celui qui régne dans les Cieux,
Qui doit juger les bons & les malicieux,
Faifant vivre les uns à l'éternelle gloire,
Et les autres brûler dans fa fpelonge noire.

CŒUR DU PEUPLE.

Nous fommes bien ici buit cents tous refolus,
D'être prefentement du nombre des Elûs
De vôtre Bien-aimé; & quand à l'heure même,
Il nous faudroit fouffrir une mort plus extrême,
Nous confeffons tout haut qu'il eft l'unique Dieu:
S'il nous faut, comme vous, pour lui donner nos
    ames,
Nous ne craignons les fers, les tourmens, ni les
    flammes;
S'il eft befoin nos cols nous tendrons de bon cœur,
Sous les coups foudroïants du glaive meurtrifeur,

Et autant que nos corps auront de sang à rendre,
Pour le Dieu Tout-puissant nous le voulons
répandre.
SAINTE REINE.
Messieurs, que j'ai de joïe & de contentement,
De vous voir preparés à suivre mon Amant;
Je mourrai desormais mille fois plus contente,
Voici qu'à cét effet le bourreau se presente.

SCENE IV.

SAINTE REINE, EVANDRE, *Bourreau.*

SAINTE REINE.

PArle à moi, cher Evandre, est-ce ici où je
dois abandonner ce corps ?
EVANDRE.
Pucelle tu le vois,
C'est dessus ce billot que ta tête méchante,
Doit être mise à bas par ma lame tranchante.
SAINTE REINE.
De grace accorde-moi qu'à ce dernier effort,
J'implore mon Jesus, mon aide, & mon confort.
EVANDRE.
Prie-le si tu veux, mais vaine est ta demande,
Car il faut accomplir ce que le Roi commande.
SAINTE REINE.
O Dieu ! divin Soleil, qui dessus vôtre Croix,
Avant que d'éclipser d'une mourante voix,
Fîtes à vôtre Pere une ardente Priere,
Ne detournés, hélas ! vôtre Face en arriére,

De mon humble Oraison : pardonnés, mon
    Sauveur,
Premier à ce Bourreau qui me fait la faveur,
Par son glaive afilé de m'ôter de ce monde,
Pour m'envoler au Ciel où tout bonheur abonde;
Et quoi qu'il ait de coups brisé mon pauvre corps,
L'affligeant de suplices, & dedans, & déhors,
En lui faisant souffrir tant de douleurs améres;
Pardonnés au Tiran, qui dedans ses coléres,
M'a causé tous les maux : Enfin, pardon à tous,
Ne les châtiés pas selon vôtre courroux;
Tirés-les des erreurs & de l'idolâtrie,
Je vous suplie aussi pour ma chére Patrie,
Faites que vôtre Foi fleurisse dans l'Auxois,
Que tout ce peuple ici vive dessous vos Loix;
Enfin, que du couchant jusqu'au lit de l'aurore,
Chacun d'un même cœur vous aime & vous adore:
Je recommande aussi, ô! mon doux Jesus-Christ,
Qu'entre vos bras aïés mon langoureux esprit;
Il faut que je vous baise, ô flamboïante lame!
Forgée tout à l'exprés pour bien heurer mon ame:
Adieu chers assistans, adieu bourreaux, adieu,
Je m'en vais dans le Ciel. & vous laisse en ce lieu.

EVANDRE.

Madame, permettés que les yeux je vous bande.

SAINTE REINE.

Fais enfin que bien-tôt à mon Dieu je me rende;
Pour ta commodité je me mets à genoux,
Je trouve pour Jesus ce martire bien doux.

SCENE V.

Les Anges emportent visiblement son ame au Ciel.

COEUR DU PEUPLE.
LES ANGES.

APprochés vous belle ame, & venés dans les
    Cieux,
Joüir entiérement des biens délicieux,
Que vôtre cher Epoux vous prépare lu-même;
Il veut vous couronner d'un riche Diadême,
Qui est tout entouré de Lauriers toûjours verds,
Et d'une Palme aussi qui ne craint les Hivers:
Dans le sang de l'Agneau vôtre étole est lavée,
Aussi c'est pour le Ciel qu'il vous a reservée;
C'est là qu'il essuïera les larmes de vos yeux,
C'est là qu'il vous fera mille dons précieux;
C'est là où ce bon Dieu les ames rassasie,
De ses divins Nectars & de son Ambroisie;
C'est là où vôtre esprit nageant dans les plaisirs,
Ravi enfantera mille amoureux desirs;
C'est là où vous aurés une éminente place,
Pour chanter avec vous son lots devant sa face,
D'une sainte chanson qui point ne cessera,
L'oüant celui qui fut, qui est, & qui sera.

CŒUR DU PEUPLE.

O! que cette Musique a charmé nos oreilles,
Que nos sens sont remplis d'agréables merveilles;
Que ses Anges sont beaux, brillans & radieux,

Et qui les fait beau voir porter dedans les Cieux
L'esprit de cette Vierge : ô Sauveur admirable !
Qu'à l'endroit de vos Saints vous êtes favorable,
Qu'il vous fait bon servir, & que l'homme est
    heureux,
Qui tâche à vous complaire ; ô cas miraculeux !
Ce beau Chef palpitant, & sautant par la plaine,
Verse un ruisseau de sang, qui se change en
    fontaine :
O quel étonnement ! prodige tout nouveau,
Les pauvres affligés qui boivent de cette eau,
Sont à l'instant guéris : ô merveille féconde !
Ceux qui se vont baignant au cristal de cette onde,
Recouvrent la santé ; les aveugles, & boiteux,
Hidropiques, sourdeaux, graveleux, & goutteux,
Membres demi pourris, corrompus, miserables,
Et mille autres langueurs, par ces eaux sont
    curables :
Aïons donc le souci d'inhumer ce beau corps,
Qu'il ne soit pas traité comme les autres morts ;
Il le faut embeaumer d'odeurs aromatiques,
Conservant chérement ses heureuses Reliques :
Dieu ne veut que les corps de ses Saints glorieux,
Dans la corruption demeurent odieux ;
Il veut qu'on les respecte, il veut qu'on les vénere,
Et qu'en ce monde ici leurs membres on révere :
Vierge qui maintenant auprés de vôtre Epoux,
Avés tant de pouvoir, aïes pitié de nous ;
Et faites qu'avec vous, & les Esprits fidéles,
Nous soïons joüissans des clartés éternelles.

F I N.

9 782019 311698